$L^{27}n$ 20518.

DISCOVRS
SVR
LA MORT
DE
MONSIEVR DE
VILLEROY, SECRE-
taire d'Eſtat.

A PARIS,
Chez SEBASTIEN L'ESCVYER,
contre les murs du Palais.

M. DC. XVII.

DISCOVRS
FVNEBRE,
SVR
LA VIE ET TRESPAS
DE MONSIEVR DE
VILLEROY, PREMIER
Secretaire d'Eſtat.

AINSI que le fer ſe diminuë par la roüille, le bois par la caire & la teigne, ainſi les hommes & les beſtes, les hommes & les Villes, les Villes & les Royaumes, tout ſe tourne & renuerſe par les secrets ressorts de la Diuinité, au Ciel, en Terre, en l'Air, en l'Eau, grands & petits ouurages & chefs-d'œuure de main ou d'esprit, tout tombe & tombera en la decadence des temps: Le Soleil à ses defauts, la Lune ses trauaux, les Estoilles leur cheute, & comme les riuieres en la mer, tout roule en ceste large profondeur, en ceste profonde mer de la nature, par le canal tousiours ouuert de la corruption, comme les riuieres en la mer: Tout court sous le cours immuable de la volonté de l'Eternel: Le Ciel roule à tours & retours pour arriuer à sa fin: Le Soleil passe & repasse, la terre nous estalle ses fruicts & les enterre, les Astres & les Elemens, & tout ce qui est au monde contribue à ceste fatalité: L'homme le chef-d'œuure de DIEV, le miroüer de son Image, le cœur de son amour & l'amour de son cœur n'ose pas luitter sa diuine ordonnance, ny contrepousser à la roüe de son destin: Nous sommes de serment obligez de tenir pour faict, ce que fera la nature, & d'endurer sans souspirer les coups que nous ne pouuons parer.

C'est vn arrest sans appel, qu'il faut mourir tost ou tard : mais non tous d'vne cómune mort, puis que diuersifiée par la diuersité des accidens, qui sont les fourriers, & les sergens à verge, qui nous assignent à diuers iours au tombeau à la mort, le bannissement & le dueil ne sont pas supplices, ains tributs qu'il nous faut payer à ceste vie, ce sont les ieux de Promethée où souuent le flambeau de noſtre vie s'eſteint dés ſa naiſſance, ſans pouuoir venir au bout d'vne longue carriere, quoy que le peu viure, & ſe ſouler de iours ſoit rendu eſgal par la mort, & que ceſte diuerſité ny donne nulle difference, ne pouuant mettre en conſideration de durée ce moment d'eſtre, qui n'eſt qu'vn inſtant dans l'eſclaire infiny d'vne nuict eternelle, d'où ce nourriſſon de Bacchus chantoit, que le plus grand preſent que DIEV peut faire à l'homme eſt de non naiſtre: Le ſecond apres, c'eſt de mourir à la premiere porte de la naiſſance, & à l'entrée de la vie: Auſſi qu'eſt noſtre vie qu'vne ſuitte de iours ſouuent interrompuë par des malheurs ordinaires? Qu'vne belle Aurore qui va fendant l'Orient des pointes de ſes raiz, pour donner le iour & la clarté aux humains tous enueloppez des noires ombres de la nuict, qui ſe ternit tout ſoudain de nuages, vn Soleil naiſſant qui ſort des ondes tout pompeux d'vne eſclatante lumiere qu'on void mourir au milieu de ſa courſe, eſteignant ſon flambeau par l'oppoſition de quelque eſpaiſſe vapeur que ſes raiz meſmes, ſeuls homicides de ſa beauté, ont éleué de terre; vne Eſtoille veſpertine, qui n'a qu'vne lumiere papillonnante qui bruſle & faict feu pour vn peu de temps, encore durant l'obſcurité que cauſe l'ombre de la terre: Ces orages qui grondent auec impetuoſité & durent peu: Ces plantes de Macedoine, ces fleurs Indiennes, ces mouches Ephemeres de Cypre, qui n'ont qu'vn Soleil, qu'vn iour, qu'vn matin: Ceste sorte de flambeau celeste, qui n'apparoist sinon lors qu'il veut tomber, ces feux volans que l'Astrologie nomme Traiections, ces taches qu'on a remarqué au Ciel du Perou de couleur de la Lune eclypsée, qui marchent attachées aux mesmes Estoilles, non tousiours d'vne mesme teneur & figure.

Les Roys, les Princes & les grands, vont courans à la mort, au tombeau, tous à la barque, pour entrer aux riuages blemissans, aux tiedes bains de Platon, & tout ce qui reçoit influence du Ciel, tout fluë à ce grand Ocean, qui couronne la terre, qui embrasse ce globe terrestre, tout ce vient rendre à ce centre duquel nous tirons la ligne
de

de noſtre vie, & du poinct de nôtre naiſſance nous venons acheuer le rond entier de noſtre felicité, qui ne paroiſt que dans le cercueil, où tout finit & tout meurt, & où la recompenſe des bien-faits ſe retrouue.

Qui ſçauroit la conduitte des ans que ce grand homme d'Eſtat le ſieur de Villeroy a paſſez, il ne luy ſeroit pas beaucoup difficile d'apprendre, comme au trauers des affaires de tout vn grand Royaume, il y a quelquefois eu moyen de ſe choiſir le temps & le loiſir de penſer à ſa derniere fin: n'entroit ny ne ſortoit iamais de ſon lict qu'auec ceſte iuſte conſideration, que Dieu tenoit ſa vie entre ſes mains, & qu'il la repeteroit quand bon il luy plairoit, auec ceſte faueur qu'il luy

B

pleuft, non point tant occuper fa penfée aux affaires de fon Roy, qu'il ne luy donnaft quelque minute de relafche pour mediter à fa fin, & jetter quelquesfois la veuë fur le tombeau, & fon regard fur la foibleffe de fes ans.

Durant fa vie c'eftoit vn efprit perpetuellement agiffant entre les bras des affaires, toufiours au trauail, à la peine, au continuel exercice de la vertu : il auoit cecy tellement reprefenté au vif, qu'il croïoit la nature ne l'auoir mis au monde que pour cefte loüable fin, que viure luy fembloit, pour le feruice de fon Prince, c'eft f'immortalifer tout à faict : & prendre place entre les Dieux, il fçauoit que c'eftoit vn defir le plus commun & populaire, mais qu'on execute le moins, foit par impuissance, ou par desseing: que la naissance nous oblige à ce deuoir, si du moins l'affection de nos Princes ne nous pousse d'auantage à ses inclinations naturelles, & ny a que la seule mort qui nous acquite de ceste obligation.

Il sçauoit que dissimuler le bon Conseil à son Roy n'estoit pas vn crime de moindre consequence que de l'offencer en sa personne: Aussi nos Roys qui l'ont faict approcher de leur Conseil plus estroict, ont tant recogneu de fidelité en luy, tant de sagesse & de vertu en ceste ame si haute & releuée, tant d'experience en la distribution de ses aduis choisis dans le fond de son grand iugement meury en toutes sortes d'affaires, qu'ils luy ont donné les principales charges de l'Estat, en la direction & conduite de tout ce qui peut concerner matiere de paix, de guerre, ou de finance.

Grand homme d'Estat, tant prisé de la bouche mesme d'Henry le Grand de memoire eternelle, qui n'eust pas voulu resoudre vn affaire de consequence en son Conseil, sans l'auoir faict digerer premierement au sieur de Villeroy.

Aussi ie ne m'estonne que ce grand homme ne mourut voyant ce grand Prince mort qui l'auoit éleué en dignité si haute, que toute la France ne vantoit que la renommée de son esprit en l'execution de ses charges, ie ne sçay qu'il ne mourut dés lors, tant il ressentit de douleur en son ame.

Apres la mort de ce grand Roy,

le Roy son fils auiourd'huy heureusement regnant, recognoissant ses merites & les affections qu'il auoit au bien de son seruice, l'exhorta de continuer tousiours de bien en mieux, & que tousiours il se portast genereusement par tout où il iroit de la conseruation de son Estat, affaires & plus vrgentes necessitez de sa Couronne, se confians en ses aduis, & s'assurans sur luy, comme sur le plus feal de ses anciens Conseillers.

Combien du depuis s'est-il employé pour mettre ses commandemens à execution, & faire diriger toutes choses au contentement de sa Majesté, bien & repos de ses sujetz.

Qui ne sçait ses trauaux employez à la pacification des premiers mouuemens Ciuil en l'an 1614. ſes peines, vueilles & entremiſes en ſes voyages de Clermont, Creil & autres lieux pour traicter auec Mr le Prince, ſes aduis & tous prudens Conſeils mis ſur le tapis auec pluſieurs grandes conſiderations au Traicte de Loudun, & tant de ſi grands ſeruices ſignalez, que ce ne ſera iamais que la France s'en reſſouuenant, ne regrette la mort & la perte de ce grand Conſeiller d'Eſtat.

Sa Majeſté ayant apprins ſon deces en eut vn extreme regret; il n'y eut ſi petit à la Cour qui ne deploraſt ſa mort, les larmes furent abondantes au Conſeil, & à la verité c'eſt vne perte grande pour la France, qui honorera à iamais la memoire de celuy qui a vſé ſes iours, consommé son aage, & passé tant de nuicts pour le seruice de ses Roys, ruminant sur les affaires plus serieuses qui pouuoient procurer, aduancer & augmenter la gloire, le lustre & splendeur de ceste florissante Couronne.

FIN.

www.ingramcontent.com/pod-product-compliance
Lightning Source LLC
Chambersburg PA
CBHW060624050426
42451CB00012B/2419